8° F[illegible]
4797

L'OBJET & LA MÉTHODE

DES

SCIENCES PÉNALES

CONFÉRENCE D'OUVERTURE DU COURS DE DROIT PÉNAL

FAITE LE 27 OCTOBRE 1899 A L'UNIVERSITÉ DE BERLIN

PAR

M. LE PROFESSEUR VON LISZT

Traduite de l'allemand

PAR

MM. Julius CURTIUS

DOCTEUR EN DROIT, REFERENDAR AM LANDGERICHT DUISBURG

ET

Gustave LE POITTEVIN

DOCTEUR EN DROIT, JUGE D'INSTRUCTION AU TRIBUNAL DE LA SEINE

(EXTRAIT DU *JOURNAL DES PARQUETS*)

PARIS

LIBRAIRIE NOUVELLE DE DROIT ET DE JURISPRUDENCE

ARTHUR ROUSSEAU, ÉDITEUR

14, RUE SOUFFLOT ET RUE TOULLIER, 13

1902

L'OBJET ET LA MÉTHODE

DES SCIENCES PÉNALES.

CONFÉRENCE D'OUVERTURE DU COURS DE DROIT PÉNAL
FAITE LE 27 OCTOBRE 1899 A L'UNIVERSITÉ DE BERLIN.

Par M. le Professeur **von LISZT** (1)

TRADUITE DE L'ALLEMAND PAR

MM. Julius CURTIUS

Docteur en droit, Referendar am Landgericht Duisburg

ET

Gustave LE POITTEVIN

Docteur en droit, Juge d'instruction au Tribunal de la Seine.

Messieurs ! Au moment où je vais prendre possession de la chaire de droit pénal à laquelle j'ai été appelé, il importe de faire devant vous ma profession de foi scientifique. Je le crois surtout nécessaire, parce que l'école appelée souven

---

(1) En publiant cette conférence dans la *Zeitschrift für die gesamte Strafrechtswissenschaft* (1900, fasc. 2 et 3), M. le professeur Von Liszt l'a fait précéder de cette note : « Quoique ma conférence d'ouverture ne soit qu'un court résumé des idées que j'ai déjà ailleurs développées et motivées et qui sont par conséquent familières à mes collègues, il m'a semblé utile, pour différentes causes, de la publier ici, telle qu'elle a été faite ». Nous croyons d'autant plus utile de donner ici une traduction de ce remarquable discours, que malheureusement les travaux si intéressants des criminalistes allemands sont peu connus en France, et qu'on ne s'y rend pas généralement un compte exact des tendances de la nouvelle école, de la *jung-deutsche Kriminalistenschule*.

jungdeutsche Kriminalistenschule, que je représente avec de nombreux collègues, a été et est encore, dans la lutte des opinions et des tendances, l'objet de fréquentes et violentes attaques, qui, je le crois d'ailleurs, ne sont, la plupart du temps, que la suite de malentendu. J'ai choisi, pour cette profession de foi, la première leçon de ma conférence : *Le crime comme phénomène social-pathologique*, toute cette conférence étant destinée à faire un tableau aussi complet que possible de l'idée que je me fais du crime et de la peine.

Une direction (*Richtung*) ou école scientifique déterminée, si elle veut représenter autre chose qu'une coterie basée sur des relations et des intérêts purement personnels, doit effectivement se caractériser ou par de *nouvelles tâches* qu'elle impose à sa science ou par de *nouvelles méthodes*, à l'aide desquelles elle se propose d'accomplir les tâches déjà imposées, ou peut-être par la combinaison de ces deux objets, de sorte qu'elle aspire à l'accomplissement de *nouvelles tâches par de nouvelles méthodes*. Il en résulte que, pour préciser le caractère de la *jungdeutschen Kriminalistenschule* et pour fixer ainsi son droit d'existence, nous devons poser la question de savoir si, soit par les problèmes qu'elle pose, soit par la méthode qu'elle applique, elle se distingue *effectivement* des autres écoles, spécialement, mais pas exclusivement de l'école qui était dominante, il y a peu de temps, et que l'on est convenu d'appeler *Klassische Schule*.

En cherchant la réponse à cette question, je vous prie, Messieurs, de remarquer au point de vue terminologique que j'emploie le mot *Strafrechtswissenschaft* dans le sens le plus large, dans le sens dans lequel les auteurs romains emploient le pluriel et parlent *des sciences pénales* ; dans le sens dans lequel le journal professionnel fondé par Dochow et moi en 1881, comme organe de la nouvelle école, s'est appelé *Zeitschrift für die gesamte Strafrechtswissenschaft*.

1. — Le premier objet des sciences pénales résulte de la place qu'elles occupent dans l'enseignement supérieur ; c'est un objet *pédagogique*. Il s'agit là de *l'instruction des futurs criminalistes pratiques*, sans que nous ayons à nous occuper du complé-

ment de cet enseignement pendant le *Vorbereitungsdienst* (1).

La mission du juriste pratique consiste à prononcer, dans une espèce déterminée, la sanction attachée par le droit positif d'une façon générale, comme conséquence de certains faits. Le criminaliste pratique a spécialement à infliger pour une espèce la peine que la loi a prescrite, d'une manière générale, comme sanction *d'une certaine infraction*.

Pour permettre au criminaliste pratique d'accomplir efficacement sa tâche, deux conditions sont donc nécessaires. En premier lieu, il doit *connaître le texte* qui embrasse les faits et détermine le genre et la mesure de la peine. Mais il doit aussi en second lieu, — et je vous prie de prendre ceci spécialement en considération — *fixer les faits* qui entraînent la peine comme sanction pénale. Si cela est exact — et je ne saurais comment on pourrait contester l'exactitude de cette proposition — les sciences pénales devront remplir ce double objet : il faut qu'elles donnent *à ces deux points de vue* les éléments nécessaires pour s'acquitter avec succès de leur mission.

1. Les sciences pénales doivent donc d'abord — et, à ce point de vue, nous sommes tout à fait d'accord avec l'école classique — rendre accessible à notre jeunesse désireuse d'apprendre le droit, *l'ensemble des textes de loi selon la méthode doctrinale juridique*. Pour accomplir cette tâche, il faut, d'une part, qu'elles exposent le système des éléments et principes du droit pénal — car il n'y a qu'un exposé systématique qui permette d'embrasser l'ensemble de cette matière dont les différentes parties vont en grossissant de jour en jour —; il faut, d'autre part, compléter ce cours systématique par des conférences scientifiques et pratiques de toutes sortes, dont vous connaissez tous, Messieurs, le but et l'organisation. Ce que je viens de dire s'applique aussi bien aux préceptes de droit pénal propre-

(1) V. Deutsches Gerichtsverfassungsgesetz vom 27 Januar 1877, art. 2. — En Allemagne, après avoir obtenu la licence en droit (*Referendar-Examen*), les candidats à la magistrature et au barreau (*Referendar*) font un stage (*Vorbereitungsdienst*), dont la durée varie selon les Etats (en Prusse, il est de 4 ans), à la suite duquel ils subissent un nouvel examen (*Assessor-Examen*).

ment dit qu'à celles des règles juridiques qui déterminent la marche de la procédure, c'est-à-dire au droit de procédure pénale.

2. Mais la connaissance des règles de droit ne suffit pas. Le criminaliste pratique a aussi *à fixer les faits* auxquels il doit appliquer la règle. Sans doute, pour prendre un exemple, il doit savoir ce que c'est qu'une tentative d'assassinat et posséder tous les points de controverse et de doute qui s'y rattachent ; il doit connaître la signification des termes *intention* et *préméditation* ; il faut qu'il sache ce que veut dire *commettre un homicide,* qu'il sache si cette action embrasse aussi le *mortis causam praebere*, qu'il sache si l'omission d'avoir sauvé un homme en danger, en tant qu'elle est contraire aux exigences du droit, peut être qualifiée homicide ; il doit connaître ce que le législateur a voulu dire par *commencement d'exécution* ; il doit savoir si la tentative d'assassinat d'un enfant mort-né, mais que la mère croyait vivant, est en doctrine imaginable et juridiquement punissable. Mais, quelle que soit leur importance, ces notions, à elles seules, ne sont pas suffisantes. Le criminaliste pratique doit en outre préciser les faits. Il faut qu'il examine si, en fait, il y a eu ou tentative d'assassinat ou tentative de suicide ou simplement un cas fortuit ; peut-être même l'attaque a-t-elle été simulée pour cacher un détournement. Il doit découvrir quel est l'agent et, à ce sujet, il est spécialement important de préciser les motifs de l'action. Il doit ensuite arrêter l'agent qui est en fuite et qui se cache ; il doit recueillir des preuves, faire des descentes sur les lieux, commettre des experts, entendre des témoins, et convaincre l'agent, s'il n'y a pas d'autres moyens, par un ensemble de présomptions compliquées.

Il y a ici entre la procédure civile et la procédure criminelle, une différence essentielle dont souvent cependant on ne tient pas compte, et spécialement dans l'organisation de l'enseignement académique. Dans la procédure civile, ce sont les deux parties qui exposent au juge les faits et offrent les preuves de sorte que, spécialement dans l'*Anwalts-Prozess* (1), il ne reste pas beau-

(1) La procédure devant les *Landgerichte* (tribunaux de première

coup à faire spontanément pour le juge. Il en est tout au-
trement dans la procédure criminelle. L'une des deux parties, le ministère public, ne sait par lui-même rien des faits
qui doivent être établis. Et l'autre partie, l'inculpé, qui, s'il
était vraiment le coupable, pourrait nous donner les meilleurs
renseignements, a probablement le plus grand intérêt à rendre
la constatation des faits le plus difficile possible. Peut-être, le
vrai coupable se présente dans le rôle du principal témoin à
charge et s'efforce d'obscurcir les faits. Par conséquent, la fixa-
tion de ce qui s'est passé en réalité constitue dans certains cas,
au point de vue de la procédure pénale, une tâche dont l'accomplissement demande toute la force d'un homme du plus
riche savoir et de la plus vaste expérience, une tâche qui pourrait faire échouer misérablement le juge civil le plus habile.

Nous devons alors nous poser cette question : *ou le jeune juriste apprend-il l'art difficile de fixer les faits*? Et la réponse
n'est pas douteuse. Il ne l'apprend nulle part aujourd'hui : ni
à l'Université, où l'enseignement se borne exclusivement à une
instruction juridique doctrinale ; ni pendant le *Vorbereitungsdienst*, où il est tout au plus à même de recueillir dans le cabi-
net d'instruction ou au parquet une petite somme de connais-
sances incohérentes.

C'est ici qu'intervient notre nouvelle école : *nous demandons
l'instruction professionnelle et pratique technique de nos futurs
criminalistes*, qu'ils deviennent soit procureurs, soit défenseurs,
soit employés de police, soit juges d'instruction, présidents des
assises ou présidents du tribunal des échevins. Cette instruction doctrinale juridique doit commencer à l'Université, dans
l'enseignement académique ; elle doit être continuée par le
Vorbereitungsdienst. Mais, pour que cela soit possible, il faut
recueillir, mettre en ordre, systématiser toute la somme de
savoir, d'expérience et de routine dont le criminaliste pratique
a besoin. Pour ce système, *M. Hanns Gross*, ancien procureur
impérial à Graz, actuellement professeur de droit pénal à Czer-

instance) où les parties doivent nécessairement être représentées par des
avocats (*Anwälte*). — V.: *Deutsche Civilprozéssordnung vom 17 Mai 1898*,
§ 78.

nowitz, a introduit dans la littérature l'expression *criminalistique*. Son *System der Kriminalistik*, le premier de son genre, a paru, il y a quelques mois, comme 3ᵉ édition de son *Handbuch für Untersuchungsrichter*, et il a été déjà traduit dans une série de langues étrangères (1).

Par ce nouvel objet qu'elle a imposé aux sciences pénales, notre école se distingue déjà de l'école classique ; et cette différence n'est certainement pas sans importance. Je ferai tout mon possible pour acquérir à la criminalistique la position qu'elle mérite parmi les sciences pénales. Et quoique, à l'heure actuelle, je ne puisse toucher à cette jeune branche d'enseignement que dans mes conférences et même que, dans celles-ci, je ne puisse le faire qu'en passant, il est cependant un fait que aujourd'hui et à cet endroit je tiens à faire connaître, en présentant mes plus vifs remerciements à notre ministère des cultes (*Kultusministerium*). Comme point d'appui et de départ pour les travaux postérieurs dans le domaine de la criminalistique, on a décidé, en principe, la création à notre faculté d'une *collection criminalistique*, d'une sorte de « musée criminel » qui s'appuie sur mon séminaire criminalistique (2) ; la réalisation de ce projet, grâce à la bienveillance du ministère de la justice et de l'intérieur, est assurée à partir du 1ᵉʳ avril de l'année prochaine.

II. — Mais l'éducation du criminaliste pratique n'est pas la seule, n'est pas la suprême tâche des sciences pénales. S'élevant au-dessus de la mission pédagogique, elle se propose l'étude scientifique indépendante des phénomènes qui forment son objet caractéristique, c'est-à-dire du crime et de la peine. Or l'étude scientifique c'est l'*explication des causes* d'un phénomène. La deuxième tâche des sciences pénales, *la tâche scientifique*, consiste donc dans l'*explication des causes du crime et de la peine*.

(1) Dʳ Hanns Gross, *Manuel pratique d'instruction judiciaire à l'usage des procureurs, des juges d'instruction*, etc., traduit de l'allemand par MM. Bourcart et Wintzweiller, 2 vol. in-8º, Paris, Marchal et Billard, 1899.

(2) Le séminaire (*Seminar*) visé ici est une réunion de jeunes criminalistes qui, sous la direction de M. le professeur von Liszt, se proposent d approfondir l'étude des matières de son enseignement.

1. Les sciences pénales ont par conséquent d'abord à ramener le phénomène, que nous appelons *crime*, à ses causes et à l'expliquer à l'aide de celles-ci. A ce point de vue, nous pouvons les appeler *criminalogie*, suivant l'usage aujourd'hui déjà accepté.

La question qui est ainsi posée, n'est pas nouvelle. Les poètes de tous les temps se sont efforcés de mettre à découvert les racines du crime dans l'âme de l'agent. Du vieux Pitaval du milieu du dernier siècle jusqu'aux drames d'Ibsen ou aux romans de Zola, du « *Verbrecher aus verlorner Ehre* » de Schiller jusqu'au « *Schuld und Sühne* » de Dostojewski, des drames royaux avec le délinquant né Richard III jusqu'aux romans euilletons, et aux histoires détectives de nos jours : toujours l'explication *psychologique* du crime a été le travail de prédilection de la belle littérature. Les médecins et les physiciens ont fait l'analyse *physiologique* du penser, du sentir et du vouloir du criminel sain et du criminel malade. Le statisticien de la morale, de temps à autre aussi l'historien, ont fixé spécialement leur attention sur la composition et le mouvement, la statique et la dynamique de la criminalité et ont essayé de l'expliquer à l'aide des conditions sociales, c'est-à-dire *sociologiquement*. Donc la tâche elle-même de concevoir les causes du crime n'est pas nouvelle. Ce qui est original, c'est que nous demandons aux sciences pénales de résoudre ce problème, au lieu de demander cette solution aux poètes et aux romanciers, aux médecins et aux statisticiens ; ce qui est original spécialement, c'est que nous empruntons à cet effet la méthode des sciences naturelles : l'observation systématique de l'ensemble préparée, vérifiée et complétée par l'observation scientifique exacte de quelques cas particuliers.

Je ne peux pas encore aborder aujourd'hui les résultats de ces recherches criminologiques. Mais, pour le but que je poursuis dans cette conférence d'entrée, il m'importe d'appeler votre attention sur une thèse fondamentale de la criminologie qui est aujourd'hui presque généralement reconnue et qui est appelée à servir de point de départ pour tous les travaux postérieurs. Cette thèse qui doit être familière déjà à beaucoup

BIBLIOTHÈQUE NATIONALE — R. F. — IMPRIMÉS

d'entre vous est ainsi conçue : *le crime est le produit du caractère de l'agent au moment de l'action et des conditions extérieures qui l'entourent à ce moment.* Je fais observer expressément en passant, que cette thèse n'a rien à faire avec la liberté de volonté et qu'elle peut être souscrite même par l'indéterministe le plus pur.

Par conséquent si notre thèse est exacte, il faut distinguer deux groupes parmi les éléments de la coïncidence desquels sort le crime :

a) Le *facteur individuel* : le caractère inné ou plutôt acquis de l'agent, pour lequel la loi d'hérédité joue son rôle funeste.

b) Les *facteurs extérieurs,* qui entourent et poussent l'agent au moment de l'action, de sorte que son crime peut être désigné comme réaction de son caractère sous les influences extérieures. Dans ce groupe, nous aurions alors à distinguer, d'une part, les facteurs *cosmiques* (ou physiques) comme le climat ou la nature du terrain (pensez, par exemple, à la fameuse *africanite*), d'autre part les facteurs *sociaux,* parmi lesquels à leur tour les conditions économiques sont spécialement importantes.

J'ai dit que la thèse posée plus haut était aujourd'hui presque universellement acceptée. Il y a, ou plutôt il y avait, deux théories extrêmes qui lui sont opposées ; et il a semblé pendant quelque temps que cette divergence entraînerait une regrettable division dans la nouvelle école.

La première de ces théories prétend que le facteur individuel a une importance décisive et qu'à côté de lui les facteurs extérieurs ne jouent aucun rôle ou tout au plus n'ont qu'un rôle inférieur. J'appellerais cette théorie l'*hypothèse biologique ou anthropologique.* Vous savez qu'elle a été posée et soutenue jusqu'à cette époque avec acharnement par *Lombroso,* dans sa théorie du délinquant-né et, à côté de lui, spécialement par son champion allemand *Kurella,* tandis que ses amis italiens les plus proches, spécialement *Ferri* et *Garofalo,* les co-fondateurs de la soi-disant *école italienne anthropologique,* se sont appuyés expressément sur l'importance des facteurs sociaux. Chose remarquable, il y a aussi quelques *idéalistes* allemands, comme le regretté Merkel trop tôt arraché à notre science, qui s'approchent de très près de cette école extrême individualiste.

L'opinion extrême-contraire, — je voudrais l'appeler *l'hypothèse sociologique*, — déclare que la criminalité dépend exclusivement des facteurs sociaux, à côté desquels le caractère de l'agent reste presque sans importance. Elle n'est représentée que par peu de jeunes socialistes impétueux, par exemple par l'italien Turati, à côté duquel il faudrait aussi citer peut-être l'utopiste Bellamy.

Aujourd'hui, le conflit est en somme écarté. L'opinion presque unanime de tous ceux qui ont étudié de près les causes de la criminalité, est actuellement que les deux groupes de facteurs pour la réalisation de la criminalité sont également indispensables, qu'aucun d'eux ne peut être négligé dans l'appréciation scientifique.

Cependant, à ce point de vue, il y a toujours une divergence sur la valeur *relative* (quantitative) qu'on attache aux deux groupes de facteurs. Moi personnellement, avec la plupart de mes collègues, je représente, sans vouloir nier ou déconsidérer l'importance de l'individualité, la théorie de la plus grande *dignité*, de la *prépondérance des facteurs sociaux*. En ce sens seulement, on peut dire que la *jungdeutsche Schule* a le caractère d'une école sociologique ; c'est également en ce sens qu'on peut parler de la prépondérance de la théorie sociologique dans l'*Union internationale de droit pénal*.

De cette manière de concevoir résultent des points de vue tout à fait nouveaux pour *l'histoire du crime* : il y a là un champ de travail grand, productif et non encore exploré. Si le crime était exclusivement le produit de l'individualité du délinquant, l'histoire du crime, après tout, serait impossible. Car, malgré l'innombrable quantité d'individualités différentes, l'homme, avec ses passions et ses faiblesses, ses maladies et ses vices, est partout et toujours le même. L'amour et la haine, l'envie et l'esprit de vengeance, l'ambition, l'avidité, la sensualité jouent en tout temps le même rôle comme motifs d'intrusion dans le domaine d'autrui. Mais, si le développement de la criminalité

est déterminé en premier lieu par le changement des conditions sociales, avec celles-ci la criminalité aussi doit se modifier,
et l'histoire de la société humaine doit trouver son fidèle por-
trait dans l'histoire du crime. Je développerai aussi plus tard
cette thèse, en tant que le permet l'état actuel de nos connais-
sances.

2. La tâche des sciences pénales consiste ensuite en la re-
cherche des causes de ce phénomène que nous appelons *peine*,
sans nous rendre compte le plus souvent, il est vrai, des diffi-
cultés que, pour la science, renferment la définition positive de
ce terme, si clair en apparence et spécialement sa délimita-
tion d'avec les autres mesures de préservation sociale. On pourrait désigner cette branche des sciences pénales sous le nom
de *poenologie*.

A ce point de vue encore, nous nous trouvons tout à fait au
commencement du travail scientifique ; néanmoins nous pouvons ici regarder quelques thèses comme étant des résultats
acquis. Partout, chez tous les peuples et en tout temps, dans
chaque société quelle qu'elle soit, nous trouvons la peine. Elle
se montre comme *réaction spéciale de la société contre des ac-
tions antisociales*. Cette réaction , qu'elle se manifeste soit
comme mise hors la loi de celui qui viole le pacte de paix, soit
comme vengeance privée entre familles, est au commencement
une action d'instinct, une action aveugle, puisqu'elle n'est pas
déterminée et n'a pas de but précis, une action sans mesure ;
nous pouvons en trouver des exemples aujourd'hui encore,
quand, à l'extrême ouest de l'Amérique du Nord, un nègre, qui
a porté la main sur un blanc, est pendu à l'arbre le plus pro-
che par la foule émue. Puis, peu à peu, par suite d'un développement des plus intéressants, mais que nous ne pouvons
exposer ici, l'action d'instinct se transforme en une *action de
volonté* déterminée par l'idée d'un but : la peine dont l'applica-
tion dépend d'hypothèses bien limitées, dont la mesure et dont
l'espèce sont déterminées légalement, est devenue une *arme*
rationnellement appliquée *dans la lutte de la société contre le
crime*.

III. — Enfin, il y a une troisième et dernière tâche que nous imposons aux sciences pénales. C'est à elles qu'incombe la mission d'être le professeur du *législateur pénal*, son fidèle conseil, son guide dans la lutte contre le crime. Elles doivent lui tracer l'ensemble des principes selon lesquels il doit faire valoir rationnellement et avec le plus grand succès possible la peine et les mesures analogues pour la protection de la société ; elles doivent lui fournir l'instrument métrique avec lequel il peut mesurer le droit actuel, et lui montrer la direction dans laquelle doit marcher la législation de l'avenir. En remplissant cette tâche politique, les sciences pénales se changent en *politique pénale*.

Cette tâche n'est pas nouvelle non plus. Les représentants des sciences pénales n'ont jamais craint de prendre la parole, pour blâmer le droit actuel, pour demander sa transformation, pour proposer, critiquer et amender des projets de loi. Mais, ce qu'il y a de nouveau, c'est que nous demandons *méthodiquement* que la *politique pénale*, pour s'élever du degré d'arbitraire des amateurs, des opinions fantaisistes, au rang d'une vraie science, *s'appuie sur l'exploration des causes du crime et de la peine* ; en d'autres termes, ce que nous demandons au législateur, c'est *que, pour lutter contre le crime, il s'attaque d'abord aux racines du crime*. Le système de la *politique pénale* n'a pas encore été écrit. Cependant les dix dernières années nous ont apporté, parmi beaucoup de travaux insignifiants, un grand nombre de travaux particuliers d'une valeur durable sur la politique pénale. Et l'influence grandissante de notre nouvelle école se manifeste surtout dans les projets du Code pénal de la Suisse et de la Norwège. D'une manière générale, je voudrais ici appeler votre attention sur deux points qui résultent immédiatement de la connexion de la politique pénale avec la *criminologie* et la *poenologie*.

1. De ce que la *criminologie* nous fait apprendre sur l'importance décisive des facteurs sociaux pour le crime, résulte immédiatement la *position modeste de la peine* parmi les mesures dont dispose l'État dans sa lutte contre le crime. Si la racine du crime se trouve surtout dans les conditions sociales, c'est là que la lutte contre le crime doit prendre un point d'appui pour

ses leviers. La peine qui, en somme, ne frappe que les individualités, qui n'est jamais capable de changer les conditions sociales elles-mêmes, ne pourra exercer qu'une influence inférieure sur le développement de la criminalité, sur l'augmentation et la diminution des crimes. Malheureusement, en Allemagne, comme ailleurs, ces idées sont loin d'avoir pénétré jusque dans les cercles des législateurs. Si un grave crime quelconque nous révèle le revers de notre vie sociale, si les ferments amassés dans la société font une explosion criminelle, nous réclamons de nouvelles lois pénales et nous nous imaginons ainsi tarir la source du mal, qui à l'ordinaire est située beaucoup plus bas. Et cependant il devrait être évident, par exemple, qu'une loi qui assure à l'ouvrier un intérieur digne d'un homme et, par là même, lui procure le faible reflet d'une vie de famille, contribuera infiniment mieux qu'une douzaine de nouvelles lois pénales à relever le quatrième et cinquième état et à faire décroître le nombre des crimes. *La peine est un des moyens pour la répression du crime ; mais elle n'est pas le seul ; spécialement elle n'est pas le moyen le plus efficace.* Cette thèse, affirmée dans le temps, par les fondateurs de l'*Union internationale de droit pénal*, est le résultat immédiat des doctrines émanant de la criminologie.

2. Nous pouvons aussi prendre comme point de départ les résultats de la *poenologie*. S'il est exact de dire que la peine, au cours du développement historique, est devenue une action de volonté visant un but positif, une arme appliquée rationnellement pour la protection de la société par l'État dans la lutte contre le crime, la question suivante doit se poser : comment la peine peut-elle atteindre ce but suprême, la protection de la société contre le crime ? Nous sommes donc amenés à vérifier, en nous fondant sur l'observation rigoureuse et systématique des faits, les effets de la peine les plus proches comme les plus éloignés, les effets sur le délinquant lui-même, que l'on désigne ordinairement comme *prévention spéciale* et les effets sur la généralité, c'est-à-dire la *prévention générale.* Seulement, par l'accomplissement de cette tâche, par la distinction des relations véritables entre la *prévention générale* et

la *prévention spéciale*, il est possible d'établir des règles basées
sur l'observation systématique de l'ensemble, à l'effet de déter-
miner le but prochain de la peine. Ces règles obéissant au
suprême but de la peine, *protection de la société*, doivent
former, dans cette subordination, les principes du système de
la politique pénale.

Je résume ce que je viens de dire.

J'ai imposé aux sciences pénales trois tâches différentes, mais
je ne puis discuter ici les rapports importants qui existent entre
elles :

I. — Comme tâche *pédagogique*, l'instruction du criminaliste
pratique :

1° Par l'enseignement *juridique doctrinal* du droit pénal et du
droit de procédure criminelle (*sciences pénales proprement dites*);

2° Par l'éducation *pratique-technique* dans la constatation
des faits (*criminalistique*).

II. Comme tâche *scientifique*, l'explication des causes :

1° Du *crime* (*criminologie*) ;

2° De la *peine* (*poenologie*).

III. — Comme tâche *politique*, le développement de la législation dans l'esprit d'une répression rationnelle du crime, spécialement, mais pas exclusivement, par la peine et les mesures
analogues (*politique pénale*).

Avec cela, les tâches des sciences pénales, comme je les
comprends, ne sont pas épuisées. Il me semble indiscutable
que la connaissance de ce qui est aujourd'hui, n'est possible
que par l'exploration amoureuse du passé et qu'elle doit nous
conduire au delà du présent et jusqu'à ce qui sera. *L'appréciation historique* n'est pas une branche de la science qui subsiste
par elle-même, mais une ressource indispensable dans toutes
ses branches. Au contraire je décline formellement l'appréciation philosophique qui ne se contente pas de voir la
justification de la peine dans sa nécessité par le maintien du
droit positif et, par cela même, de toute la vie sociale, et qui
va, au delà de l'état et du droit, chercher dans l'absolu un
point fixe pour y appuyer le hardi édifice des sciences pénales

aprioristiques. Elle tombe hors du domaine des sciences pénales, de la jurisprudence, de la science en général. Justement à ce point de vue, je ne voudrais pas être mal compris par vous, Méssieurs. Au delà du domaine de la science, se trouve le domaine de la *foi*. Celui qui s'efforce de séparer nettement ces deux domaines, dans l'esprit de la critique de la raison, telle que l'enseigne Kant, nie-t-il pour cela que les deux domaines subsistent indépendamment l'un de l'autre ? Non ; et, s'il est impossible que jamais par la vraie science notre foi soit mise en danger, de même on ne peut imaginer que la connaissance scientifique puisse être servie ou embarrassée par la foi. Ce qui se cache derrière l'espace et le temps à nos faibles yeux, nous pouvons, nous devons le croire, l'espérer, l'aimer ; mais nous ne pouvons pas le saisir scientifiquement. Chaque empiétement de ces domaines sur le domaine de la connaissance scientifique doit être répudié avec la plus grande rigueur. La spéculation métaphysique, bien qu'elle se pare du vêtement d'une des fameuses *théories absolues du droit pénal*, n'a rien à faire avec la science et par conséquent non plus avec les sciences pénales.

Dans le monde des phénomènes, il nous reste assez de travail, dur, il est vrai, mais promettant d'autant plus de succès. L'école nouvelle a ouvert aux sciences pénales toute une série de *nouveaux horizons*. Non pas dans le sens de nouveaux *dogmes* qui soient appelés à remplacer les anciens, comme l'ont cru peut-être, l'ont prétendu en tout cas nos adversaires ! car le dogme se trouve hors de la science ; mais certainement dans le sens de nouveaux *champs de travail*. Il n'y a rien qui soit plus faux que de vouloir prétendre que, pour les sciences pénales, le temps des Epigones soit venu. Au siècle qui finit, on nous a montré les nouveaux chemins ; maintenant, ce qu'il nous faut ce sont des pionniers assidus, qui labourent les champs découverts par un travail fructueux. A ce travail, je vous nvite tous, Messieurs, car les sciences pénales modernes, avec leur domaine si étendu, embrassent toute la vie, et chacun de vous peut *observer* et *prendre une part active*, dans sa sphère d'activité. Celui qui s'est habitué une fois à examiner les causes du crime et de la peine, sait aussi que la lutte contre le crime est le devoir non seulement de l'Etat, mais aussi de la société ; non seulement la peine, mais aussi l'amour d'autrui et le sens chrétien concourent à ce but. Si, ce que j'aurai à démontrer au cours de ma conférence, la criminalité en Allemagne s'est développée d'une façon si alarmante, si spécialement le côté pathologique de son développement se fait remarquer de plus en plus, alors la collaboration à la *connaissance* des causes qui ont amené ce résultat et à leur *écartement* devient un devoir pour tous ceux qui aiment notre patrie allemande et sont prêts à manifester cet amour par leurs actes.

Imp. J. Thevenot, Saint-Dizier (Haute-Marne).

Imp. J. Thevenot, Saint-Dizier (Haute-Marne).

BIBLIOTHEQUE NATIONALE DE FRANCE

3 7511 00374053 0

www.ingramcontent.com/pod-product-compliance
Ingram Content Group UK Ltd.
Pitfield, Milton Keynes, MK11 3LW, UK
UKHW020119100726
13658UKWH00005B/2260